Anna Peters * Clara Suetens

24 Stunden hat der Tag

Anna Peters
studierte Sprachen in München und arbeitete jahrelang als Übersetzerin.
Später wechselte sie in den pädagogischen Bereich einer weltweit tätigen humanitären Organisation. Seit einigen Jahren schreibt sie Kinderbücher.

Clara Suetens
studierte Grafik-Design an der Akademie der bildenden Künste in Antwerpen, wo sie heute selbst lehrt. Sie illustriert seit vielen Jahren Bilder- und Kinderbücher.

In neuer Rechtschreibung

1. Auflage 2007

Einband und Innenillustrationen: Clara Suetens
Gesamtherstellung: Westermann Druck Zwickau GmbH
ISBN 978-3-401-08609-5

www.arena-verlag.de

Anna Peters * Clara Suetens

24 Stunden hat der Tag

Arena

Guten Morgen – Aufgewacht!

Sechs und sieben Uhr morgens

»Ruuuuhhhhheee!«, ruft Papa ärgerlich, als Schnauz schon wieder morgens um sechs Uhr bellt.
»Lass ihn doch bellen«, sagt Mama. »So sparen wir uns den Wecker.«
Schnauz ist der Riesenschnauzer von Frau Steinschnack im Haus gegenüber. Anna sagt, wenn Schnauz um sechs Uhr bellt, heißt das in der Hundesprache: »Marsch, aus dem Bett, Frau Steinschnack! Ich will etwas zum Fressen! Dann in die Kleider und Schuhe mit Ihnen, damit ich Sie Gassi führen kann!«
Um sechs Uhr wird bei uns die Zeitung eingeworfen. Dann klappert der Briefkasten. Papa bringt die Zeitung mit herein, wenn er vom Bäcker kommt. Dort holt er fast jeden Morgen Brötchen.

»Der Bäcker und der Zeitungsmann«, sagt Mama, »stehen lange vor uns auf.« Morgens um vier oder fünf Uhr. Die meisten Leute krabbeln erst um sechs oder sieben Uhr aus den Betten. Die Erwachsenen, weil sie zur Arbeit müssen. Die Kinder, weil sie in den Kindergarten oder in die Schule gehen.
So wie wir auch. WIR, das sind Mama, Papa, meine große Schwester Anna und mein kleiner Bruder Julian, den alle Juli nennen. Und ICH. Ich bin Marie.
Vor dem Frühstück wasche ich mir immer das Gesicht und putze die Zähne. Erst nach dem Frühstück ziehe ich mich an.
Um sieben Uhr sitzen wir alle putzmunter am Tisch. Juli hat am meisten Zeit. Er muss sich nicht beeilen wie Papa. Der rennt nämlich schon kurz nach sieben Uhr zur Straßenbahn. Und Anna macht sich auf den Schulweg. Ich gehe später zum Kindergarten.
Juli bleibt bei Mama oder Omi daheim.

Wir gehen in den Kindergarten

Acht und neun Uhr morgens

DING – DONG läutet jeden Morgen die Kirchturmuhr. Jetzt ist es genau acht Uhr! Dann gehe ich in mein Zimmer und ziehe mich an, damit ich fertig bin, wenn meine Freundin Leonie kommt. Die holt mich um halb neun Uhr zum Kindergarten ab. Mama sagt, Leonie ist fast so pünktlich wie Schnauz.
Der Kindergarten ist nur um die Ecke. Aber bis wir alle unsere Freundinnen und Freunde dort begrüßt haben, ist es fast neun Uhr. Dann ruft Kristina, unsere Erzieherin: »Schluss, ihr Plaudertaschen. Zeit für den Stuhlkreis!«

Heute darf jeder erzählen, was ihm gerade so einfällt. Gregor ist der Älteste in unserer Gruppe. Und schlau ist er auch. »Wisst ihr eigentlich«, sagt er, »dass JEDER Tag 24 Stunden hat?«
»Das glaube ich nicht«, widerspricht Pauline. »Manche Tage gehen im Schneckentempo vorbei und manche furchtbar schnell. Also sind sie auch nicht gleich lang.«
Aber es stimmt wirklich, was Gregor gesagt hat. Auch unsere Erzieherin nickt. »Wenn es einem langweilig ist, meint man, die Stunden schleichen«, erklärt Kristina. »Aber wenn etwas Spaß macht, ist die Zeit zu schnell um.«
Kristina sagt auch noch, dass man die 24 Stunden von einem Tag in Morgen, Mittag, Nachmittag, Abend und Nacht einteilt. Und dass eine Stunde 60 Minuten hat – und eine Minute 60 Sekunden.
Diesmal sind wir richtig gescheit geworden, finden Leonie und ich.

Beim Spielen vergeht die Zeit so schnell

Zehn und elf Uhr vormittags

»Käse!« – »Leberwurst!« – »Salami mit Gurke!«
»Was hast du auf deinem Brot?«, will der kleine Max von jedem wissen, wenn wir um zehn Uhr aus unseren Kindergartentaschen die Brote auspacken. Manchmal tauschen wir. Das ist lustig!
Die Erwachsenen machen bei der Arbeit auch eine Frühstückspause, hat Papa erzählt. Aber ihre Brote tauschen sie nicht. Nach dem Essen gehen wir in den Garten zum Spielen.
»Im Kindergarten sausen die Stunden vorbei!«, sagt Pauline.
»Aber beim Zahnarzt nicht«, ruft Gregor von der Rutsche herunter, auf die er gerade hinaufsteigt. »Da kommt mir jede Minute wie eine Stunde vor.«

Um elf Uhr sitzen wir dann alle wieder an den Tischen. Die Vorschulkinder, so wie ich eines bin, dürfen schon Buchstaben üben. Die anderen Kinder basteln und malen.
»Was gibt es denn heute zum Mittagessen?«, ruft Jo plötzlich. »Mein Bauch hat gerade danach gefragt.« Sein Bauch knurrt laut.
»Es gibt Reisauflauf«, antwortet Gregor. »Aber darauf muss dein Bauch noch eine Stunde warten. Mittagessen gibt es um zwölf Uhr.«
Jos Bauch knurrt noch viel lauter als vorher. Wir kichern wie verrückt. »Er beschwert sich. Er will nicht bis zwölf Uhr warten. Er hat Kohldampf«, erklärt Jo.
Da gebe ich Jo meinen Apfel. Und sofort ist sein Bauch ruhig. Oder fast ruhig. »Danke, Marie«, erklärt Jo.
»Jetzt hält es mein Bauch bis zwölf Uhr aus.«

Wenn die Uhr zwölf schlägt

Zwölf und ein Uhr mittags

Zwölf Uhr hört sich besonders an, finde ich. Besser als neun Uhr oder zehn Uhr oder so. Zwölf Uhr, sagt Anna, ist auch etwas Besonderes, es ist genau die Mitte vom Tag und zwölf Uhr nachts ist Mitternacht. »Halbzeit«, hat Papa hinzugefügt, »wie beim Fußball.«
»Und die Ganzzeit?«, hat Juli gefragt. »Wann ist die?«
»Wenn ein ganzer Tag um ist«, antwortete Anna.
Daheim essen wir nicht um zwölf, sondern um ein Uhr. Um zwölf Uhr machen Leonie und ich uns erst vom Kindergarten auf den Heimweg. Manchmal gehen wir am Kiosk vorbei. »Na«, sagt Frau Weber, der der Kiosk gehört, »seid ihr auf Gummibärenjagd?«

Wenn sie gut gelaunt ist, schenkt sie uns ein paar. So wie heute. »Aber erzählt es nicht daheim«, schärft sie uns ein. »Vor dem Essen soll man ja nichts Süßes futtern.«
Zum Futtern kommen wir auch nicht, weil Schnauz uns entgegenläuft. Er zerrt Frau Steinschnack hinter sich her. Wie jeden Tag! Punkt zwölf, wenn er seinen Fressnapf leer geschlappert hat, geht er mit Frau Steinschnack Gassi.
Als er Leonie und mich entdeckt, springt er auf uns zu und schnappt uns glatt die Gummibären weg. Da sind wir richtig sauer! Und was sagt Frau Steinschnack dazu? »Hoffentlich verdirbt sich Schnäuzchen mit diesem ungesunden Zeug nicht den Magen!«
Zum Glück gibt es daheim Spaghetti mit Gemüsesoße. Die mag ich! Das ist sogar besser als Gummibären. »In zehn Minuten ist das Essen fertig!«, ruft Mama. »Punkt eins steht es auf dem Tisch.«
Und das tut es auch. Aber nicht lange. Blitzschnell haben wir nämlich alles verdrückt. Dabei ist es noch lange nicht zwei Uhr.

Komm mit ins Schwimmbad

Zwei und drei Uhr nachmittags

Meine Omi sagt immer: »Nach dem Essen sollst du ruhn oder tausend Schritte tun.« Sie setzt sich in den Sessel am Fenster und schnarcht ein bisschen. Juli schläft nach dem Essen auch. Dann wird es ruhig bei uns. Anna liest. Aber ich mag nach dem Essen lieber mindestens tausend Schritte machen.

So um zwei Uhr treffen wir uns wieder, Leonie und ich.

»Die beiden halten es ja kaum eine Stunde ohne einander aus«, hat Anna neulich verkündet und den Kopf geschüttelt. Na ja, eigentlich hat sie ja recht. Wenn Leonie und ich uns treffen, spielen wir entweder bei ihr oder mir daheim. Wenn schönes Wetter ist, meistens im Garten. Im Winter gehen wir nach dem Essen oft zusammen zum Schlittenfahren in den Stadtpark. Und im Sommer radeln wir manchmal ins Schwimmbad. Das ist nicht weit.

Trotzdem kommt immer jemand mit. Entweder Anna, wenn sie nicht zu viele Hausaufgaben aufhat. Oder Omi. Oder Leonies Mama oder meine Mama, wenn sie da ist. Drei Tage in der Woche arbeitet sie nämlich.
Obwohl Anna erst elf Jahre alt ist, hat sie schon schrecklich viel zu lernen. Meistens braucht sie dazu zwei Stunden, ungefähr von zwei bis vier Uhr. Zum Glück hat sie da Ruhe, weil Juli nicht vor vier Uhr aufwacht. Dann aber krakeelt er laut und will, dass man sich mit ihm beschäftigt. Nur gut, dass Leonies Bruder oft mit Juli spielt oder Juli zu ihm hinübergeht. Jetzt kocht sich Mama eine Tasse Kaffee, schnappt sich die Zeitung, legt die Beine hoch und murmelt: »Schade, dass der Tag nicht doppelt so lang ist. Dann könnte ich länger ausruhen.«

Papa kommt heim

Vier und fünf Uhr nachmittags

Früher habe ich gedacht, alle Leute fangen morgens zu arbeiten an. Aber das stimmt nicht. Mama fängt oft um vier Uhr am Nachmittag an oder mitten in der Nacht. Sie arbeitet beim Rundfunk. Manchmal hören wir Mamas Stimme aus dem Radio. Weil die Leute, wie Mama sagt, »rund um die Uhr« Radio hören wollen, muss dort von früh bis abends jemand sein.
Auch im Krankenhaus sind 24 Stunden am Tag Krankenschwestern und Ärzte da. Die Kranken darf man ja nie allein lassen. Oder dort, wo die Zeitungen gemacht werden, wird auch ohne Unterbrechung gearbeitet. Verschiedene Leute lösen einander ab.
Wenn Mama um vier Uhr nachmittags wegmuss, kommt Papa meistens früher heim.

»Was essen wir denn heute Abend?«, fragt er dann und schaut in den Kühlschrank. »Ich glaube, ich muss noch schnell was besorgen. Wann macht unser Laden zu?« Papa kann sich das nie merken.
»Um sechs Uhr«, rufen Anna und ich.
»Also haben wir noch Zeit«, meint Papa. »Da können wir vorher ein bisschen joggen. Wer kommt mit?«
Meistens renne ich mit Papa und Juli fährt mit seinem Dreirad voraus. Anna ist froh, dass sie allein daheim ist. So kann sie endlich telefonieren, so lange sie will.
Nach dem Joggen müssen wir uns erst einmal ausruhen. Manchmal schläft Papa eine Runde. Wenn er aufwacht, ist es oft zum Einkaufen zu spät.
»Ach!«, schmunzelt Papa. »Gehen wir doch zu Mario und genehmigen uns ausnahmsweise eine Pizza. Einverstanden?« Und ob! Kochen wird Papa – wie immer – am Sonntag.

Heute Abend gibt es Pizza

Sechs und sieben Uhr abends

Um sechs Uhr abends bellt Schnauz genauso laut wie um sechs Uhr morgens. »Ruuuuhhhhheee!«, schimpft Papa dann wieder. »Dieses blöde Gebelle alle zwölf Stunden!«

Papa grummelt noch vor sich hin, als uns um sechs Uhr auf dem Weg zur Pizzeria Frau Steinschnack entgegenkommt.

»Schnäuzchen ist weg!«, jammert sie.

Da ist Papa doch sehr nett zu ihr. Wir holen unsere Räder und machen uns auf die Suche nach Schnauz.

»Aber wir haben doch um sechs Uhr einen Tisch in der Pizzeria bestellt«, fällt Anna ein. »Also müssen wir rasch vorbeifahren.«

Und wer sitzt vor der Pizzeria? Schnauz!
»Der hat bestimmt eine Pizza bestellt«, vermutet Juli. Aber er kriegt keine. Wir führen ihn nämlich sofort heim. Frau Steinschnack strahlt. Sie gibt jedem von uns Kindern zwei Euro Finderlohn!
»Das ist doch nicht nötig, Frau Steinschnack«, sagt Papa. Aber Frau Steinschnack möchte uns unbedingt eine Freude machen und so dürfen wir das Geld behalten.
Um sieben Uhr sitzen wir endlich vor unserer Pizza. Und als wir fertig sind damit, ist es schon fast acht Uhr. Juli ist stolz, dass außer ihm kein einziges kleines Kind im Restaurant ist. »Langsam werde ich groß«, sagt er, »und darf abends aufbleiben.«
»Ausnahme, ganz große Ausnahme«, verkündet Papa. »Morgen gehst du spätestens wieder um sieben Uhr ins Bett.«

Eine Geschichte vor dem Schlafengehn

Acht und neun Uhr abends

»Ach, Mensch!«, beschwert sich Anna bei Papa. »Wir müssen ins Bett und ihr geht aus, wenn du Mama nachher abgeholt hast. Das ist ungerecht.«

»Eigentlich nicht«, sagt Papa. »Wir waren ja auch mal Kinder und mussten um acht Uhr schlafen gehn.«

»Wann seid ihr denn wieder da?«, fragt Anna.

»So gegen Mitternacht. Wir treffen uns noch mit Freunden«, antwortet Papa. »Und ihr zwei hüpft schleunigst ins Bett. Juli schläft schon.«

»Dürfen wir noch ein bisschen Video ansehen? Die *Unendliche Geschichte?*«, bettelt Anna.

»Nein!« Papa schüttelt den Kopf. »Heute Abend nicht mehr. Ein anderes Mal. Aber Omi liest euch sicher eine Geschichte vor.«

Omi meint, dass Anna eigentlich viel besser vorlesen kann als sie. Das stimmt, weil Anna auch noch wie eine Schauspielerin die Augen rollt und mit verschiedenen Stimmen sprechen kann. Das ist echt besser als Fernsehen.

Zuerst aber müssen wir ins Bad. Omi passt auf, dass ich mich ordentlich dusche, ordentlich abtrockne und gründlich die Zähne putze.

Danach schlüpfe ich zu Anna ins Bett. Sie liest mir meine Lieblingsgeschichte vor. Die handelt von der kleinen Gerda und ihrem Freund Kay, der von der Schneekönigin in ihren eisigen Palast entführt wird. Natürlich macht sich Gerda sofort auf die Suche nach Kay. Sie geht viele, viele Stunden, nein, viele Tage und sogar Monate, bis sie ihn findet. Ich würde Leonie auch suchen oder Papa, Mama, Omi, Anna und Juli. Ganz bestimmt!

Juli kann nicht schlafen

Zehn und elf Uhr abends

Anna und ich schlafen schon, da hören wir Juli auf dem Flur schreien.
»Mama, Papa!«, brüllt er durchs Haus.
Dann hören wir auch Omi, wie sie zu Juli sagt: »Schatz, geh wieder ins Bett. Papa und Mama sind nicht da. Sie kommen erst später.«
Aber Juli lässt sich nicht beruhigen. »Ich mag nicht schlafen!«, schreit er. Und dann geht auch schon unsere Zimmertür auf und Juli stolpert herein. Omi läuft hinter ihm her.
»Ich will, dass Papa und Mama heimkommen. Und ich mag nicht schlafen!«, schluchzt er immer wieder. »Die Straßenbahnfahrer schlafen auch noch nicht und die Flugzeugkapitäne auch nicht und die Fischer auf dem Meer auch nicht und die Lokführer auch nicht und die Füchse im Wald auch nicht und Mario in der Pizzeria auch nicht. Und der Mond und die Sterne schlafen auch nicht . . .«

»Hör endlich auf!«, schimpft Anna. »Überhaupt sind der Mond und die Sterne nur darum wach, weil sie am Tag schnarchen.«
»Das stimmt gar nicht!«, heult Juli. »Und Papa und Mama sollen kommen! Meine Ohren tun weh!« Jetzt macht Omi Licht an und wir sehen, dass Juli einen ganz roten Kopf hat.
»Papa und Mama kommen bald.« Omi nimmt Juli in den Arm.
Wir haben Glück. Unten an der Eingangstür klappert der Schlüssel.
»Was ist denn da los?«, hören wir Mama erstaunt sagen. »Die reinste Festbeleuchtung.«
Da ist Juli schon zur Treppe gerannt. »Mama, Papa!«, schreit er. Omi saust gleich hinterher und erklärt, dass Juli krank ist.
»Gut, dass wir schon um elf Uhr heimgekommen sind«, sagt Mama.

Wenn die Geister Unsinn treiben

Zwölf Uhr und ein Uhr nachts

Komisch, zuerst war ich so müde und jetzt kann ich nicht mehr schlafen. Obwohl es schon fast zwölf Uhr ist. Ich weiß, dass es schon so spät ist. Ich habe die Schläge von der Kirchturmuhr gezählt.
»Wird die Uhr denn niemals müde?«, hat Juli Papa einmal gefragt. »Geht sie nie ins Bett?«
»Nein«, hat Papa geantwortet. »Sie läuft immerzu. 24 Stunden jeden Tag. Sonst wüssten wir gar nicht, wie spät es ist.«
Wir Menschen schauen immer auf die Uhr, aber Schnauz nie. Und doch weiß er, dass es sechs Uhr ist. Oder Leonies Kater Paulchen! Der geht immer um Mitternacht aus dem Haus. Auch die Kröten werden dann wach, die Igel, Frösche, Mäuse, Marder und Eulen.
»Wer wacht um Mitternacht auf?«, hat neulich Kristina, unsere Erzieherin, gefragt. Gregor hat gerufen: »Vampire, Geister und Hexen!«

»Stimmt das?« Der kleine Max hat gleich über seine Schulter geschielt. Er dachte wohl, da würde sich ein Vampir verstecken. Aber jetzt um Mitternacht so ganz allein im Bett, habe ich auch ein bisschen Angst. Darum mache ich die Tür zum Gang auf. Draußen ist Licht. Papa und Mama plaudern noch in der Küche.
»Weißt du, was?«, sagt Mama. »Es ist schon fast ein Uhr. Das wird eine kurze Nacht. Gerade mal fünf Stunden.«
»Dafür war es ein schöner Tag.« Papa lacht. »19 herrliche Stunden lang.«
»Genau!«, sagt Mama.

Ein Taxi in der Nacht

Zwei Uhr und drei Uhr nachts

Das ist eine komische Nacht! Juli fängt um zwei Uhr nachts wieder an zu schreien. So laut, dass wir wirklich alle aufwachen. Ich glaube, noch nie in meinem Leben war ich mitten in der Nacht auf. Der arme Juli hat fürchterliche Ohrenschmerzen und Mama gibt ihm Ohrentropfen. Papa kocht Tee für alle.
Als wir aus dem Fenster sehen, wundern wir uns, was alles nachts los ist. Zuerst kommt ein Polizeiauto. Dahinter braust die Feuerwehr heran – mit Sirene und großem Tatütata! Juli hört sofort zu weinen auf. Am liebsten möchte er mit der Feuerwehr mitfahren. Schließlich hält ein Taxi genau vor Frau Steinschnacks Haus.

»Jetzt sehen wir sie sogar abreisen«, sage ich zu Anna. Schon tritt Frau Steinschnack mit Schnauz aus der Tür. Anna reißt das Fenster auf und ruft auf die Straße hinunter: »Auf Wiedersehen, Frau Steinschnack und gute Reise!«
»Pssst!«, macht Papa. »Du weckst ja die Leute auf.«
»Die sind doch schon alle wach – von der Feuerwehr«, meint Anna. Frau Steinschnack winkt zu uns nach oben. Schnauz bellt zum Abschied. Obendrein sträubt er sich mit allen vier Pfoten gegen das Einsteigen.
Schließlich fährt das Taxi los. Juli sieht es aber nicht. Er ist auf Mamas Schulter eingeschlafen.
»Na, ich bin gespannt, wie wir morgen aus den Betten kommen«, meint Mama. »Unser Wecker ist gerade in Urlaub gefahren.«

Wenn es hell wird

Vier Uhr und fünf Uhr morgens

Nur im Sommer geht die Sonne ganz früh auf. Um vier oder fünf Uhr. Und sobald es hell wird, fangen auch alle Vögel zu singen an. Einmal, in den Ferien, hat Papa Anna und mich geweckt. Wir wollten unbedingt auch einmal das Zwitschern hören.

»Im Sommer stehen die Bäcker bestimmt lieber auf. Denn mit Musik geht ja alles besser«, sagt Omi immer. Und der Zeitungsträger pfeift im Sommer leise vor sich hin, sagt Papa, wenn er auf seinem Fahrrad ankommt.

»Um fünf Uhr früh«, hat Leonie neulich im Kindergarten erzählt, »schleicht mein Kater Paulchen wieder ins Haus.«

»Das ist auch gut so«, hat Gregor gemeint. »Denn dann fahren auch schon wieder Straßenbahnen, Busse und Autos durch die Gegend. Dann ist es gut, wenn Katzen daheim sind.«

»Ich freue mich immer, wenn ich morgens gesund aufstehen kann«, sagt Omi. Sie schläft oft schlecht und ist darum manchmal die ganze Nacht munter. Zum Glück ist mir das noch nie passiert.

Im Gegenteil: Heute haben wir ALLE verschlafen, weil Schnauz nicht um sechs Uhr gebellt hat. Und Mama hat vergessen, den Wecker zu stellen. Erst um acht Uhr sind wir aufgewacht, als die Kirchturmuhr geschlagen hat!

»Zwei Stunden verschlafen!«, hat Anna gerufen. »Zwei Stunden verloren.«

»Macht nichts«, sage ich. »Trotzdem hat auch heute der Tag 24 Stunden.«

Kleines Fragespiel rund um die Uhr

Sicher kannst du schon die Uhrzeit bestimmen. Mach mit!

Stell den kurzen Zeiger deiner Uhr auf 6 und den langen auf 12.
Auf deiner Uhr ist es jetzt sechs Uhr. Ob es sechs Uhr am Abend ist oder sechs Uhr am Morgen, kannst du nicht von der Uhr ablesen. Dazu musst du aus dem Fenster schauen oder in dein Buch sehen.

1. Jetzt überlege, warum Papa morgens um sechs Uhr immer »Ruhe!« schreit:
a) Weil Juli Ohrenschmerzen hat und deshalb brüllt
b) Weil Schnauz bellt
c) Weil der Zeitungsmann die Zeitung einwirft und der Briefkasten klappert

Stell den kurzen Zeiger deiner Uhr genau auf 9 und den langen auf 12.
Auf deiner Uhr ist es jetzt neun Uhr.

2. Jetzt überlege, wer um neun Uhr Marie zum Kindergarten abholt:
a) Die Katze von Leonie, die unbedingt einmal in den Kindergarten gehen will
b) Schnauz, der lieber Marie als Frau Steinschnack hinter sich herziehen möchte
c) Maries Freundin Leonie

Stell beide Zeiger auf 12.
Auf deiner Uhr ist es jetzt zwölf Uhr. Ob gerade Mitternacht ist oder das Mittagessen gleich anfängt, verrät dir die Aufgabe.

3. Überlege, wem Schnauz um zwölf Uhr Gummibärchen klaut:
a) Leonie und Marie, die aus dem Kindergarten kommen
b) Frau Weber, die im Kiosk Gummibärchen verkauft
c) Frau Steinschnack, die noch schnell die Gummibärchen vor Schnauz verstecken möchte

Stell den kurzen Zeiger auf 11 und den langen Zeiger auf 12.
Auf deiner Uhr ist es jetzt elf Uhr.

4. Überlege, wer um elf Uhr abends bei Marie zur Haustür hereinkommt:
a) Ein Gespenst, das die Uhrzeit nicht richtig lesen kann und eine Stunde zu früh auftaucht
b) Schnauz, der sich bei Marie verstecken möchte, weil er nicht in den Urlaub fahren will
c) Papa und Mama, die heimkommen

Auflösungen: 1 b, 2 c, 3 a, 4 c

Anna Peters / Clara Suetens

Sieben Tage hat die Woche

Alexa weiß schon genau wie die Wochentage heißen – schließlich ist jeder Tag anders, und jeden Tag passiert etwas Neues. Gemeinsam mit Alexa lernen Kinder in diesem liebevoll illustrierten Buch die Woche kennen.

ISBN 978-3-401-08466-4

Zwölf Monate hat das Jahr

Wie lang ist ein Jahr? Zwölf Monate genau. Wenn im Kindergarten vom Jahreslauf erzählt wird, fällt jedem etwas ein. In jedem Monat gibt es etwas ganz Besonderes, auf das man sich freuen kann.

ISBN 978-3-401-08117-5

EDITION BÜCHERBÄR

Jeder Band: 32 Seiten. Ab 5 Jahren.
Durchgehend farbig illustriert.
Gebunden. Format 21,5 x 28,0

www.arena-verlag.de